Island Boy

Edgar Smith
Poesía

Island Boy
Primera edición, 2014

©**Edgar Smith**
2014, Lulu author. All rights reserved.
Todos los derechos reservados por el autor.

Diseño de portada por Edgar Smith.

ISBN: 000-0-0000000-0-0

Este libro no podrá ser reproducido total ni parcialmente, por ningún método posible, sin el consentimiento escrito del autor. Todos los derechos intelectuales e impresos han sido reservados por el autor de la obra.

Island Boy

Dedicatoria

A mi padre, Ramón Smith, leyenda viva de la isla, island boy de pura cepa, que no conoce el rendirse.

A Juan Taylor Ventura (Febrero 7, 1954 - Agosto 3, 2009) quien seguro anda haciendo reír a los ángeles.

I dedicate this book to you, Lyn Moss a.k.a. Lynage, including its title, which I chose because of you, and the very first poem, of the same name, which is in English and inspired by our friendship and my story.
Much love from your island boy, my dearest.

Island Boy

Prólogo

En 'Island Boy', el poeta Edgar Smith (Santo Domingo, 1973) nos introduce en un paisaje involuntario, suerte de exilio de lo interior, del testimonio a caballo entre la afirmación y el recuerdo con una fuerza centrífuga que absorbe al lector a ese submundo entre el aquí sin tiempo y el allá sin forma. En este poemario, viaje y encuentro convergen despojando al poeta del aspecto geográfico de un contexto determinado que ahora se ve reemplazado por un referente puramente universal, como demuestran poemas como 'Argentina', 'En París', 'En el restaurant Don Pedro's in NYC', entre otros textos.

"…Te sé como se saben Eva, Unamuno y San Martín, como se sabe Troya, que ardió por amor…"

(Poema Argentina)

Este libro es una colección de poemas dividido en varios capítulos, que se inscribe dentro de la tradición de la Poesía Hispanoamericana de largo aliento, sostenido por la fuerza de lo emotivo sin mucho entusiasmo por la ruptura o por la búsqueda de los caminos cortos que caracterizan la poesía de la post-modernidad dada a la síntesis, a lo mínimo del discurso, tanto de fondo y forma, pero Smith puede hacer gala de ello porque su manejo del recurso poético le permite captar el interés del escaso lector de poesía con versos iluminadores como los siguientes:

"…Soy hombre de lápiz, no de espada"

"…con el látigo de sus dedos…"

(Poema Al hombre de Walt)

"…el extraño mapa que es la cara…"

(Poema Laberinto hombre adentro)

Edgar Smith es un poeta de sorpresiva madurez en cuanto al manejo del discurso poético con ecos reflectantes de los grandes poetas latinoamericanos como Borges y Neruda. En 'Island Boy', la isla es un trozo de tiempo o un pedazo de viaje contrario a un lugar determinado por el espacio que ocupa en el plano emotivo del sujeto poético. En estos poemas se siente la fuerza del desplazamiento, el poeta no encuentra lugar donde plantar sus pies a reclamar un lugar como perennemente suyo, por tanto el sujeto poético se refugia en el idilio entre el yo de lo personal y la experiencia del viaje testimonial. Dicha experiencia no se fractura porque pende del cordón umbilical de lo existencial, que es el lenguaje poético porque la poesía, aunque recurra a sumergirse en lo cotidiano, responde a una necesidad ulterior del ser.

Island Boy

Smith es una voz que promete mucho dentro de la regeneración de la poesía dominicana de la diáspora dominicana, cuya fuerza determinará el impacto o flujo a seguir dentro de la isla porque, me atrevo a señalar, que con la migración de los ochentas y noventas se dio un cambio radical del escenario dentro de la poesía dominicana por la gran y significativa presencia de poetas como también escritores radicados ahora en exterior, especialmente en los Estados Unidos, cuya producción creativa supera los márgenes de la isla y su discurso. 'Island Boy' representa la asimilación lingüística y social de un poeta que ha hecho suya la realidad que sólo permanece en el recuerdo de *un allá estando aquí,* realidad que vivimos millones de inmigrantes con una patria que se desplaza con nosotros como una segunda maleta llena de expectativas sin tiempo. Saludo y celebro este nuevo poemario de Smith porque lo considero un espejo de lo profundo donde estamos llamados a vernos todos aquellos que como dijera el cubano, Pablo Milanés: "No sé vivir en tierra firme porque me inhibe" pero parafraseando a Edgar Smith, que conocemos cómo desentraña la música de lo interior, bien lo dice este verso suyo "…Yo también busco mi música por dentro."

Daniel Montoly
Poeta, gestor cultural,
administrador del blog literario
El Wrong Side.
Septiembre, 2014.

Island Boy

"...Todos los días
te quiero a la misma hora,
incluso en el mismo lugar,
todos los días me calzo
mis pies de entonces
y camino por ese amor breve
-ese amor niño-
hasta orillas de tu nombre..."

María Laura

Índice

Páginas:

19	Cuando regrese
21	Ciertas Canciones
22	El Barrio
24	Calesita y un encuentro
25	Hay amigos
27	Mundo sobre ruedas
29	Añoranzas de un hombre lejano
31	Washington Heights
33	Foto de una calle en Cuba
35	El Parque
37	Casas en el tiempo
39	Del conflicto poético de la Derecha patria y La melancolía diaspórica
42	De tanto en tanto
43	Island Boy
49	Raza humana
53	Regreso a la poesía
55	Cualquiera
56	Noviembre
57	Solo de violín en un balcón
58	Argentina
60	Cuarenta
61	Doppelgänger
63	A una verja
64	El poeta y la mariposa
65	Herencia
67	Intolerancia
68	La duda

71	La Mañana de mi padre
73	Los que se marcharon
75	Metamorfosis
77	No te confundas
78	Obsequios
79	Otro niño
80	Vana filosofía
82	Sobrevivir el Leteo
84	Como todo poeta, la luna
86	Mañana gris de obrero
87	Música por dentro
88	Al hombre de Walt
90	Mujer desnuda y de frente
92	Pre-estío
93	Laberinto hombre adentro
97	Feria del libro
101	Aquí te espero
103	Tiempo de tu ausencia
104	Casa del ruido continuo
106	En el restaurant Don Pedro's, NYC
108	En París
110	Resignación
111	Vencido/Desnudo
112	Cuando digo te amo
114	Mujer leyendo

Island Boy

Island Boy (2014)

I was born in an island
offspring of palm trees and seagulls,
of mountain ranges that over the horizon loom and peek,
like playful gods with green smirks.
An island boy poor in the pockets
dreamy-eyed and bohemian,
naked boy in flesh and bone,
born of Spaniards and Africans,
shadow people with drums for fingers and fire
in their blood,
and a certain resilience in their pride,
and a certain beauty poets lack words for.

Conceived in scarlet wombs,
of a people created along with the sun
of a people in love with the land and the trees,
and the bow gripped in firm hands.

To think I am the son of Guacanagarix,
the son of Lemba with his arms raised crying freedom
or death,
to think I have a warrior's savage blood flowing
in my veins.

Me, an Island boy chasing a dream,
from streets that know no forgetting and no future,
to the jostling streets of giants.

Are these buildings not gods as well?

Aren't these windows dark eyes hiding cowardice
and murder,
illusions and expectation?
Is this city not a beast of a million heads crashing,
colliding, tripping over the same dream?
Is this not the land of dreams?
the fountain where dreams are fish,
a pond to just bend down and grab?

Go, they said, you'll find money on sidewalks.

Island boy with a few dollars and a little hope,
and a past full with wants,
and memories like IV units,
intravenous supply of life in a song the wind
has befriended in silence.
Island boy playing a man's game away
from the homeland,
away from the salty lullaby of beaches and rice fields,
and young women whose feet grow old
in the boughs of dance floors and church tiles,
and whose hearts belong to the tíguere (the street man)
by the corner, in the colmado, the grocery store.
Am I not myself a tíguere?
Am I not a yarn gossiped on my street?
Am I not the very land I left in search of that dream?
Are we not each our own land?
Are we not the rivers, the animals, the coffee,
the houses, the games, the blood, the pains, the flag,

Island Boy

the loss of our land? Are we not the music,
the hunger, the despair, the young lost souls?

Island boys I see glued to the ruthlessness of routine,
to you I say: the dream is changed.
I am no more the bohemian or the thief of kisses,
or the father of two.
I am now the father of absence and memories,
the chaser of bludgeoned desires,
the collector of succumbed voices, the heartbroken.
Changed lie all dreams under the hammers of time
and distance, subdued all will...
Blurred lie both visions and recollections,
and the teachings of our parents,
and the energy of our youth...

And yet, no darkness has a mouth big enough
to swallow me.
This remains (I remain, we remain) not untouched,
but unchanged, this essence, warm and warming,
of being from an island, of being the offspring
of an island,
children of a people intent on laughter and tradition,
only this sense of loyalty to ourselves
and to our own remains
unscathed by sadness, this ideal, the dream itself,
the island boy.

Island Boy

Primera Parte

Hay quienes critican la recurrencia de la melancolía en la obra poética de quienes pertenecemos a lo que se conoce como *La Diáspora*. Hay quienes nos han condenado por ello, quienes desde la seguridad de sus circunstancias pretenden minimizar el valor literario de nuestro arte, basándose en estos débiles argumentos.
Algo, sin embargo, salva al poeta de la Diáspora de cualquier ataque posible: la verdad.
Innegable como el estar vivo o el estar muerto, la verdad del poeta que se ha marchado de su tierra en busca de un sueño, de oportunidades, o de un destino improbable en la misma, se manifiesta en el verso aun así el poeta (consciente de aquello que se ha venido condenando desde hace un tiempo) intente no plasmarla.
Es infructuoso dicho intento. Infructuoso y abierto a la debilidad de la hipocresía. En el corazón de la Diáspora yace inexorable una inagotable fuente de melancolía. Es impensable que un artista no transmita en su obra su sentir. Después de todo, ¿qué es el arte sino el sentimiento de quien lo crea? ¿Qué hay en el verso, en la pintura, en la estatua, que no sea la realidad del artista mismo, su pensamiento, su opinión, su yerro o su acierto?
Quien no ha salido de su patria es incapaz de entender lo que siente quien en noches frías o en tardes interminables, de faenas agobiantes, de honda espera, de delirante desasosiego, mira hacia atrás, por el embudo de los años, y evoca una tarde en una *cerita*, cogiendo fresco, tomándose un café o un mabí, y hablando *caballá*.
La nostalgia es propia del hombre, pero más aún, es propia del hombre que sufre distancias: la física y la del tiempo. Pedirle a un poeta, o peor aún, exigirle, que calle lo que grita a diario su

alma, es un indecoroso atentado contra su vida. Peor es, entonces, el poeta que accede a semejante denigración; quien se presta a siquiera entretener como una posibilidad tan descabellada idea.

La Diáspora existe. No es motivo de felicidad ni de tristeza, de orgullo ni de vergüenza. La Diáspora existe como existen inevitablemente los hombres y sus circunstancias, que son y están, y nada más. Y dentro de ella, tal como dentro del círculo de aquellos que por una razón u otra nunca partieron del terruño patrio, están los poetas que desde la isla alzan sus voces en tintas, así estamos nosotros, desde fuera de la patria, alzando nuestras voces, gritando en versos que nunca nos olvidamos de ella.

Edgar Smith
Junio 26, 2014.

Island Boy

Cuando regrese (2014)

Cuando regrese
regresarán conmigo la sinrazón
que anheló otras tierras,
la frágil constancia del amor
la incesante caída de la arena del reloj
que se desgasta en mi pecho.

Regresaré vencido
de esa forma natural que vence la vida al hombre.
Vencido de caminos, de puertas,
de atajos transformados en laberintos,
de precipicios juzgados ligeramente.

Regresaré a mi sol y a mi patria
a la añorada sucesión de lunes y martes,
y domingos sencillos.
A la ironía de revivir lo que en algún momento
creí indiferente.

Convencido de pocas cosas me devolveré
a conversar de horas vividas en ausencia
a mitigar olvidos, y a desbastar la aspereza
de ciertas memorias.

Cuando regrese, regresaré tácitamente
y me reintegraré, no a la exhaustiva búsqueda de sueños
ni al dar voz a vanas victorias,

sino a la llaneza de las cosas que me hicieron:
el almuerzo a mesa llena
la recurrencia de la risa
la quietud de una tarde muriendo en un café
la familiaridad de las calles
la sensación de pertenencia, la gente...

Island Boy

Ciertas canciones (2014)

Algunas canciones suceden en el alma.
Llegan indecisas por los laberintos del viento
y en la verja de mis sentidos se transforman.

Morfosis efímera del corazón cuando una canción
evoca la vida que fue, o la que quiso ser,
y sonríe desde el ciego cristal de las fotografías.
Cuando llega, se anuncia en la garganta
una soga de recuerdos, que no es letal,
aprieta
un movimiento como de gente enérgica la delata bajo
la piel
se forma en el rostro una sonrisa,
sostenida, como un antifaz, por cuatro lágrimas.

Son algunas canciones.
Imprecisas.
Son, como la mujer amada, no siempre la más bella,
y lo que las hace especiales es un acertijo.
Tal vez representan el ideal de un tiempo irrecuperable.
Esa melancólica fantasía que hace del pasado una utopía.
Una pretérita promesa, incumplible,
pero encantadora en su nostalgia.

El Barrio (2007)

Barrio,
supe que en tu entraña duerme aun la esperanza.
Entre edificio y edificio vive
entre aquella casucha blanca y azul,
y aquel colmado de madera que suda pobreza.

Allí vive aún, sola, albergándose a sí misma,
cuidándose del *mal de ojo* del tiempo,
huyendo del pesimismo de todos estos días de Dios.

Milagro que ronde aun estas turbias calles.

Anoche salí en tu búsqueda, calle de siempre.
El Secreto Musical cantaba mi niñez,
recordando otra noche perdida en laberintos
de memorias.
Me vi niño en mi cuarto, ahondado en la madrugada,
moviendo mis labios sin sonido al compás
de los labios de aquel que cantaba en la vellonera.

Salí a buscarte en vano, barrio de mil historias,
y supe que le temes como yo a la pestilencia
de la marihuana en el aire,
a los niños corriendo en las aceras ungidas de rabia.
Ya tardía la noche, a los *piperos* que andan ya
sonámbulos,
ya retorcidos, ya muertos en vida.

Island Boy

Muerto de frío, encendí unas velas.
Me fui durmiendo lentamente,
entretenido con la danza del fuego.

Y pensé, ya cuando apenas sí podía hilvanar un pensamiento,
en ese espacio donde colindan lo real y lo onírico,
que quizás siempre estuvo en mí la esperanza,
siempre en mí...disfrazada de miedo.

Calesita y un encuentro (2014)

En el carrusel del tiempo nos encontramos Edgar y yo,
nos reflejamos en la sonrisa, nos sorprendemos
sin miedo.
No logro ubicarme en su voz.
Apenas sí en un gesto que reconozco de otro espejo
quizás, fugazmente, en el fulgor de sus ojos,
que los años aún no doblegan.

No es un sueño.
El hombre de un sueño se encuentra con el hombre
al que aspira, con una mujer que amó y perdió
en otoño, con la triste sonrisa de un amigo
que duerme entre raíces.
Soñar no es un reencuentro,
es un viaje y una reverencia.

Esto es diferente.
Hallarme en el giro de la calesita
con olor a estío, verme nueva vez al filo del milagro,
aceptarme en el tiempo como fui y como soy.

No es un sueño.
No es bueno, ni malo,
no alegra ni es triste.
Reencontrarse con uno mismo
es sencillamente inevitable.

Island Boy

Hay amigos (2014)
Para Perla, Eleazar, Antonylde, Yuri, Mike, Pope, Raúl, Domelvin, Carlos, y Moisés.

Si digo *amigo* se me llena la boca,
se me desborda de los labios un ramo
de nombres como orquídeas,
me recorren en reversa las huellas
para incitar un cosquilleo en la memoria.

Si digo amigo digo vida
parque, calle hundida en olvido,
orilla de playa lejana, beso compartido de niña hermosa,
racimo de pies descalzos, lúdico hurto de frutas.
Hay un agrado y una gratitud cuando digo amigo,
honran cada letra unos rostros comunes,
rostros de niños ya hombres,
de sonrisas encallecidas de sueños y de conformidades.

Me urge buscarlos, abrazarles,
besar sus manos inquietas,
compartirles un pan, un trago, y una locura.
Me urge contar con sus silencios
con el estrechón de manos,
con la complicidad de la mirada,
y el efluvio nómada de sus goces y de sus pesares.

Me urge hallarlos ahora, ahora mismo,
para devolvernos todos juntos
al panteón sagrado de la risa,

donde no caben ni la muerte ni la indiferencia,
donde no se precisan vanidades, poses o pretensiones,
donde uno dice *amigo*
y se le llena la boca de alegrías y de pasado.

Island Boy

Mundo sobre ruedas (2014)
para Joan 'Mamacita' Smith, te amo, 'manita'.

En un punto aleatorio pero preciso
convergen algunas cosas:
el incompleto estribillo de una canción
la frescura de una tarde, mímica fugaz de otra
ya perdida,
la huidiza esencia de un aroma conocido,
la improbable coincidencia de seguir clavado en la vida...

La memoria, dormida, es arcilla presta.

Ahora estamos Jan, Swamny, y yo
en el fantástico plano sin tiempo del anhelo
tomados de la mano, justo como somos en este instante,
vencedores de toda ley y de toda realidad,
hemos llegado al lugar de la canción y el perfume,
a un sitio que existió y ya no existe.

Estamos serenamente sonreídos
montados en los patines, tres felices trompos sin pausa.
Esa es la hora del milagro, cuando la memoria olvida
cronologías y el amor diseña teatro de ensueños,
tablado en que somos dioses sencillos e imperfectos
donde nos reencontramos, y somos libres,
y conservamos aun migas de inocencia.

A Dios o al azar, cual sea menos rencoroso,
no le pido más que esto: morir con los ojos vendados,

y que en el blanco puro de la venda pasen
estas mismas cosas de hoy:
la canción que evoca, el aroma impreciso,
la tarde eterna, estas vueltas en patines rojos
en la pista de la alegría, y mis hijos con sus sonrisas
y sus manos abiertas, venciendo mis miedos.

Island Boy

Añoranzas de un ser lejano (2013)

El día es una ceniza en mis ojos
al acecho promesa de lluvia
huele a Güibia
y a la salobre juventud del paseo dominguero.

El día, jarra de boca ancha y sonrisa tenue
café humeante recuperado en un recuerdo.
El día predispone algunas añoranzas: mi abuelo
y su risa,
el piso a cuadros de mi sala,
un programa de radio de viejos boleros,
la quietud de la almohada bajo un techo de asbesto...

La distancia es siempre un puente contradictorio:
lejos de todo, nos acerca.

A lo lejos también *vuelve Juanita* y *ya se siente la brisa*
El alma bota la cáscara como una naranja dulce
A veinticinco repite el hombre de veinte inviernos
sin patria
y pienso en mi propio invierno y en mi propio sueño.
La tarde embruja como una mujer de piel canela,
trae deseos de leer nueva vez *Huesos* de *Lettieri*[1]
de comer *pastel en hoja*s y de beber *Caballo Blanco*.

---

[1] Huesos, poema de Luis María Lettieri, poeta argentino.

A lo lejos vuelve a volver Juanita
y el silencio es adentro absoluto y rotundo,
como cuatro años antes,
el instante de la despedida.

Island Boy

Washington Heights (2013)

Washington Heights
Dominicano Heights
isla del Spanglish
isla del dólar rápido
del mofongo y la bemberria.

La diáspora a pie
La diáspora en flor...
trocitos de Santo Domingo
a la intemperie.

La diáspora en labios cuarteados de invierno,
en el candado helado que muerde las yemas,
en la premura perenne,
en la monotonía de las paradas del subway.

Washington Heights
Latino Heights
bachata viajando en los callejones
de la brisa,
poema de manos añejas,
de mirada muerta, como de lunes.

Nunca imaginé encontrarme *el patio*
en estas calles mojadas.
Nunca la Duarte con Paris,
nunca los malevos jugando tapitas y bolita,

nunca estos rostros teñidos de sueño incumplido
nunca esta voz que amenaza en los *holidays*
con ahorcarnos de nostalgias...nunca tanto...
nunca tan poco...nunca tan tarde...

Island Boy

Foto de una calle en Cuba (2013)
para Yoli, Cuba Libre, la foto de tu calle inspiró este poema

Límpida y lóbrega corre *medalaganariamente*
el agua en la fluvial memoria.
Nunca es más olvido en sus cauces
el recuerdo que cuando se procura.

Es que ese intenso río
–que besa, que parte, que hiberna–
no acata imposiciones y, por norma,
dicta el curso de esos pretéritos.

Sin embargo, una cosa la enfrenta.
Una cosa que no controla el hombre.
Una cosa que es muchas: la evocación.

Miro la foto y me conversa de un pasado
que no ha muerto.

¿Acaso ha muerto lo que se siente
retumbando en el alma?

Ladrillos descoloridos de tiempo
una casa amarillo-pobreza, tendidos eléctricos
como finos puentes para roedores,
una solitaria mujer que es quizás una lágrima
y esos balcones sucios de tristezas,
de sueños, de historias.

Veo la foto de esa calle
y sé que todas las calles son iguales:
las pueblan memorias de otras memorias,
sangre de otras sangres, y el olvido, el vasto olvido,
ese otro río meta-morfo que a veces es crueldad
y a veces misericordia.

Island Boy

El Parque (2013)
para los niños de la Baltazar, generación de los 80s

Hoy quiere el poeta escribirle
a un parque humilde y eterno.
Al parque y a la rotonda donde, veloces,
jugaron y quedaron la niñez y la inocencia.
A unos árboles torcidos,
que en sus ojos pueriles lucieron
siempre derrotados, tristes,
y, de tácitos, implicados en el olvido.

Quiere hablar, pero no sabe cómo,
del impreciso verde de la hierba,
del *jaragual* de vasos plásticos y envolturas
de golosinas, de perros *viralatas*,
de bancos de piedra en los que el fuego
de la tarde se adormecía,
de flores con colores difusos, de pequeñas mariposas,
solas bajo una sombra y ajenas al vuelo...
a esas cosas tiradas a su suerte quiere
decirles algo, a ellas que deben habitar
también entre las comillas de una hirsuta tristeza,
y que sin embargo aparentan libres.
Están en su memoria y lucen curiosamente
alegres, o es quizás el frágil agrado
de poder repasarlas en ocasiones,
y creerlas suyas y no del tiempo.

Quiere escribir el poeta.
Quiere escribirles una palabra,
una única palabra que las embellezca
a todas, y que a todas, por igual, las nombre.
Quiere escribir el poema que tiene húmedo
en la garganta, que se asoma y no se atreve.

Quiere escribir el poeta,
pero le teme a los versos que se escriben
sólo en pasado

Island Boy

Casas en el tiempo (2010)

Esa otra calle, a la que volví sin proponérmelo,
se pierde a veces de mí, se aleja sin palabras,
se desvanece.

Intento sostener sus casas, sus puertas maltrechas,
sus ventanas miopes, sus techos de zinc, sus azules
y verdes y blancos repetidos.

Vanamente intento revivir sus ajetreos, sus cortinas
estampadas, sus evidentes carencias...
pero yace tan borroso en mi memoria este todo
que parece mentirlo el olvido.

A veces, cuando una música se arrima,
me trae con claridad trozos de aquella calle:
un hombre que vende *frío frío*, muchachos jugando
pelota,
el colmado, la fritura de Bolívar, un trompo carreto,
la rueda de un patín, un amigo, una niña precoz...

Pero las casas, las dichosas casas nunca son como
eran.
Algunas veces se me presentan como dioses,
como agujeros en cuyo fondo duermen
bestias temibles.
Otras veces me parecen sacadas de un penoso sueño:
íntimamente pobres y por el tiempo carcomidas.

Rara vez recuerdo una límpidamente,
y apenas me concentro en ella se desdobla,
y se degrada de repente tirando a jardín,
a reloj, o a gato sin cola.

Island Boy

Del conflicto poético de la Derecha patria y la melancolía diaspórica (2014)

La vastedad de estas calles
engulle el rostro de las casas
de mi infancia.
La melancolía irrumpe en cada confín
del espíritu y del cuerpo.
Con poco afán soy tristeza que lucha en verso libre
contra el absolutismo de la insidia,
preso en mi auto-impuesta circunstancia.

De esto no quieren que escriba los patrios
eruditos del verbo.
Les asquea la pena, les irrita la aparente sobrepoblación
de la nostalgia.
Exigen poetas originales, alfabetos exóticos,
simbología inédita, una metáfora que espante o asombre,
símiles inverosímiles...

Todos perseguimos el albur de ser superiores.
Pero no puedo ser Borges, soy solo Edgar.
Y a los altos de altas letras que con infundada ojeriza,
sentados cual faraones en sus atalayas protocolares,
enhebrando la falacia de una híper-vacua verborrea
camuflada
de frívola erudición, les digo en su propio dialecto,
¡Anden a deglutir apremiadamente algún insospechado
cúmulo de heces!

Poeta de la diáspora, la diáspora es melancolía.
La diáspora es tu anhelo y tu lágrima, hoyo negro
que lo succiona todo desde el centro de tu pecho.

¿Cómo no hablar de tristeza y de distancia?
¿Cómo no hablar de memorias y de inconclusos
sueños?
¿Habla acaso el político de carnes o de flora?
¿Habla el niño de vejez?
¿Discuten los buzos de cosmogonías?

Solo el necio habla de lo que ignora.

Cada poeta se compromete a la belleza y a la pena que
lo envuelve, y narra con yemas ácidas las historias
de su propia vida.

La casa, la calle y su pobreza,
hermanos de rostros desfigurados de olvido,
el júbilo de la plegaria en misa,
el misterio del Viernes Santo,
la intimidad pueril de los callejones,
el almuerzo materno, la mirada piadosa del abuelo,
el pan de agua, el café...

¿No son estas cosas acaso el poema?
¿No es acaso la poesía la vida misma?

¿De qué ha de escribir la diáspora sino
de lo que siente?
¿Qué parámetros ha de seguir el alma que entre versos

Island Boy

y dolor de lejanía se desfibra?
¿De la filosofía social de un movimiento ajeno,
hermético y estudiado en los recovecos de un sistema
"políticamente correcto"?

La diáspora es melancolía
y como la poesía, que es y ha sido,
no precisa permisos, bendiciones, ni justificación,
solo de estos modernos juglares de urbes camaleónicas
apostando al verso y a la vida.

De tanto en tanto (2014)
para Swamny

Y de tanto en tanto te voy pensando
y te pienso tan lindo y tan solo
que a veces siento que me encojo por dentro
para meterme entero en un recuerdo donde estamos
y agarrarte de nuevo de la mano por calles agitadas,
y mirarte.
De tanto en tanto, y cuando estoy más marchito,
te pienso sin recordarte.
Pienso tus ojos, tu boca como línea de lápiz,
tus mejillas hondas, tu pelo rizo.
A veces sí te recuerdo, muy a pesar de mi garganta,
muy a pesar de mis cejas que se cierran con fuerza
y se aprietan de melancolía, para no dejar salir otra
lágrima.
Es que recordarte no le hace bien a mis manos,
se me van hacia atrás, hacia la sombra.
Recordarte es como comer solo,
como mudársele a uno el alma y no saber a dónde.
Pero no siempre, amor, no siempre.
A veces recordar tu mirada es como mirarte
es como pasear contigo, es, curiosamente,
como tomarte de la mano,
y tu mano en mi mano es siempre un deshacer
de sombras.

Island Boy

Island Boy (2014)

Nací en una isla
vástago de ciguas y palmeras,
de cordilleras que sobre el horizonte se asoman,
cual dioses juguetones de verdes sonrisas.

Muchacho isleño, pobre en los bolsillos
con un sueño en los ojos y bohemio,
muchacho en cueros, en hueso y en carne,
hijo de españoles y africanos
gente de sombra con tambores en los dedos
y fuego en la sangre,
y cierta resistencia en el orgullo
y cierta belleza,
a la que los poetas no le hallan adjetivos,
concebido en úteros escarlatas,
de unas gentes creadas con el sol
de unas gentes enamoradas de la tierra
y de los árboles, y del arco firme en las manos.

Y pensar que soy hijo de Guacanagarix
hijo de Lemba con sus brazos al cielo gritando
libertad o muerte,
pensar que tengo la sangre salvaje del guerrero
en mis venas.

Yo, un muchacho de una isla, tras un sueño.
De calles ajenas de olvido y futuro,

a las agitadas calles de gigantes.
¿No son estos edificios, también, dioses?

¿No son acaso estas ventanas ojos oscuros
que esconden cobardías y muertes,
ilusiones y expectativas?
¿No es esta ciudad una bestia de un millar de cabezas
que chocan, se encuentran,
se tropiezan con el mismo sueño?
¿No es esta la tierra de los sueños?
¿La fuente inagotable donde los sueños son peces?
¿El estanque donde uno apenas se agacha y los agarra?

Vayan, nos dijeron, *el dinero anda como hojas de árbol en las aceras.*

Muchacho del Caribe con unos cuantos dólares y poca
esperanza, y el pasado repleto de carencias,
de recuerdos como jeringas, dosis intravenosa de vida
en una canción de viento que se encariña
con el silencio,

muchacho que juegas el juego de los hombres lejos
de tu patria, lejos ya del canto salado de la playa
y el conuco,
de las muchachas cuyos pies se avejentan en las ranuras
de las pistas de baile y los mosaicos de la iglesia,
cuyos corazones pertenecen al tíguere de la esquina,
en el colmado.

¿Y yo? ¿No soy yo también un tíguere?

Island Boy

¿No soy yo un cuento que se *chismosea* en la calle?
¿La misma tierra que dejé en busca de un sueño?
¿No somos cada uno nuestra tierra?
¿No somos los ríos, la fauna, el café, las casas,
los juegos, la sangre, las penas, la bandera, la pérdida
de la patria?
¿No somos la música, el hambre, la desesperación,
las jóvenes almas perdidas?

Muchachos del barrio encadenados a la crudeza
de la rutina,
a ustedes les digo: el sueño ha cambiado.

Ya no soy el bohemio ni el ladrón de besos
ni el padre de dos.
Soy ahora padre de ausencias y memorias,
persecutor de deseos maltratados,
recolector de voces vencidas,
el roto de corazón.

Cambiados están todos los sueños bajo la mandarria
del tiempo y la distancia, subyugada toda voluntad...
borrosas yacen las enseñanzas de nuestros padres
y la energía de la juventud...

Y aun así, no hay oscuridad cuya boca nos trague.

Esto queda (yo quedo, nosotros) no intacto,
pero sí inalterado,
esta esencia, cálida y calurosa, de ser de una isla,
de ser la prole de la isla, hijos de una gente

que venera la risa y las tradiciones,
solo este sentido de lealtad a nosotros mismos
y a lo nuestro queda,
inmune a la tristeza,
este ideal, el sueño mismo,
ser un muchacho de la isla.

Island Boy

SEGUNDA PARTE

El enfoque poético evoluciona con la lectura. En la adolescencia es común ser romántico, escribirle al amor, al desamor, a sus respectivas penas e ilusiones. El aspirante a poeta (que ya lo es, a fuerza de vocación) inicia su andar poético en la música y, a partir de sus relaciones sentimentales, desarrolla una predilección por escribirle a los enredos y recovecos del corazón.

En mi caso, el revuelo poético me llevó a la rima. Para entonces era inconcebible un poema sin sílabas de sonidos similares. Rimar era ser poeta. Como la vida quita y pone, partí y volví a la poesía muchas veces, según el oleaje de las vanidades, conocimientos, y experiencias.

En una de esas marejadas, conocí a Walt Whitman, y ya no volví a ser el mismo. La poesía del viejo de barba blanca y larga abrió mis sentidos al verso libre. No solo era hermoso decir: *I have perceiv'd that to be with those I like is enough, to stop in company with the rest at evening is enough, to be surrounded by beautiful, curious, breathing, laughing flesh is enough, to pass among them or touch any one, or rest my arm ever so lightly round his or her neck for a moment...* sino que era también musical y artístico.

Lo más importante, sin embargo, fue el descubrir que la poesía no era exclusividad del amor. Whitman me enseñó –y luego lo reafirmarían Yeats, Mateo Morrison, Longfellow, José Martí, y sobre todo, el talentoso y directo Stan Rice- que la poesía está abierta al mundo, que el poeta ve, piensa, y se inspira, y no tiene límites. No temo en decir que *Leaves of Grass* fue mi primera y más determinante revolución poética.

Luego de un fallido intento de perseguir el pensar poético contemporáneo en Santo Domingo, por los 90s, y en total desconocimiento de las mecánicas y/o protocolos para ingresar a ese hermético círculo, regresé a los fundamentos. Allí redescubrí a Neruda con *Estravagario* -fuera quizás de las obras poéticas de Borges y Whitman- el estilo poético que más influencia provocó en el propio.

Si bien estuve enamorado del amor y la melancolía del resto de su obra (no tanto así del aspecto político de la misma) fue con ese estilo de verso corrido, casi narrado, casi prosa de Estravagario (tanto en inglés como en español) que evolucionó mi voz poética. Ya entonces incursionaba en foros y páginas de internet dedicados a la poesía, y allí encontré otros poetas con estilos y temáticas similares.

Fue en internet (entonces y recientemente) que tuve la fortuna de conocer a poetas extraordinarios, tales como Renata Emther, Lyn Moss, Tara, Everymaniam, Mike Spears, María Laura, Jeniffer Moore, Luis María Lettieri, Mauricio Escribano, Daniel Montoly, entre otros...

Pero no fue hasta que conocí la poesía de Jorge Luis Borges, que supe sin la menor duda el tipo de poesía que quería escribir. Borges se convirtió entonces en mi mentor poético y en la medida de mis aspiraciones. Para mí, ninguna poesía es comparable a la de Borges. Su visión y su entendimiento, no solo del lenguaje escrito, de la métrica, o del accionar del verso libre, sino también de los estratos sociales, sus culturas y sub-culturas, además de su sensibilidad filosófica y su capacidad de observación, lo elevan a la estratósfera poética universal.

En esta segunda parte les entrego la poesía inspirada e influenciada por estos tres pilares de mi versar: Whitman, Neruda, y Borges.

Esta es la poesía por la que vivo.

Edgar Smith,
Junio 30, 2014

Island Boy

Raza Humana (2014)

¿Quién eres?
Veo tu rostro, no te reconozco.
¿Quién eres, hombre negro de rostro perdido?
¿A dónde se ha marchado el hombre negro que conocí?
¿A dónde se ha marchado tu ancestro?
¿A dónde su voz?
¿Su himno de libertad que viajaba paso a paso
entre plantaciones?

Ahora es una sombra tu rostro.
Ahora escupes a cada segundo esa palabra
con que humillaron tu raza, con que golpearon
a tu gente.
¿Quién eres ahora? ¿No te das cuenta de tu pérdida?
¿Tienes, como lo tuvieron los que abusaron
de tus abuelos,
de tus bisabuelos, de los hijos de tus tío abuelos,
los ojos cerrados?

¿Tienes en el pecho el corazón frío de esos hombres
que violaron a la hija del tatarabuelo de tu mejor amigo?
¿De tu Homie? ¿De tu nigga?
¿Quién eres que andas deshecho, en la calle, odiando?
¿No tenías un sueño? ¿No soñabas con integridad?
¿Con igualdad?

como soñó tu padre, y el padre de tu padre,

con una América de paz.

¿O has nacido sordo?
¿Has nacido ciego?
¿Has nacido odiado, odiando? ¿Del odio has nacido?

No. No. No. Me queda a mí, que soy otro tipo
de hombre negro, que soy otro tipo de hombre blanco,
un sabor entre los dientes que se parece al sabor
de la desesperación.
¿Sabes por qué?
Porque hay que temerle a la circularidad de la historia.
Hay que temerle a la ceguera del corazón.

El doctor tuvo un sueño hermoso.
Estabas tú con tu piel de noche eterna,
y yo estaba
con mi piel de café con leche,
John con su piel de nieve,
y Kim Li con su piel de sol al mediodía,
y estaban los de piel de manzana,
y algunos tenían pieles transparentes

–eran los fantasmas de tanta gente blanca y negra que,
ya sin piel, se han reencontrado descoloridos e iguales
en el mundo verdadero, y se han tomado de las manos,
y han llorado juntos tantas injusticias
tanto prejuicio, tanta ignorancia, y en la aceptación,
se han perdonado–

todos estábamos allí, en ese sueño hermosísimo

Island Boy

que tuvo el doctor,
y que, sentada en el lugar que le correspondía,
no en el que le asignaron los rencorosos,
sino en el que le correspondía por designación de Dios,
Rosa también soñó.

Entonces,
¿Quién crees que eres cuando me miras
con asco?
¿En qué te conviertes cuando crees que todos te odian?
¿Quién crees que eres ahora que discriminas a otros?
Ahora que te has vuelto un odiador de otros
¿No te das cuenta que te has vuelto ellos?

Los que ultrajaron tu gente han sido erradicados.
Pero no los erradicó el odio, sino la razón.
Los venció la educación.
Los venció el amor al prójimo.

Ahora tú y yo caminamos, y entramos, y salimos,
y volamos, y saltamos, y somos nosotros mismos
porque alguien supo resistirse a la tentación
del odio, y usaron el amor para ganarnos estas
libertades.

Alguien, muchos hombres y muchas mujeres
de gran dignidad,
lucharon por ti, por mí, por América,
para que esa palabra maldita jamás se repitiera,
para que cuando nos encontremos en el tren,
se nos haga natural sonreírnos.

Por eso te pregunto (muchacho negro, muchacho latino, muchacho blanco, hermanos)

¿Quién eres que no te reconozco
entre tanto ruido, entre tanta competencia,
entre tanta obsoleta bravuconada?

¿Quién eres, que ahora le temes a amar a la raza humana?

Island Boy

Regreso a la poesía (2014)

Vuelvo a la poesía como a un cántaro,
con sed antigua, de la garganta del desierto.

Vuelvo a la poesía tímidamente,
de la llaga de una larga ausencia
tan larga que no la reconozco,
ni soy reconocido en los espejos de su vocablo
ni me advierte en el eco de la metáfora,
ni me entiende en las esquinas
de mi sed o de su verso.

Vuelvo a ella desprovisto de luces. Quizás desnudo.
Y es bueno poetizar una sombra y una desnudez.
Es necesario llegar a la poesía pobremente,
a pedirle, a suplicarle un trago estremecedor,
una ostia, un milagro sobre el pecho en cueros.

Íntimo gatear hasta ella como un niño audaz
invitarle un beso, cantarla entre silencios de plata,
rogarle...rogarle profundamente una vuelta
sobre la luz antinatural de un faro
y creerse la luz que viaja,
que versa la noche hasta hacerla mar,
hasta hacerla tierra, carne, deseo...

Vuelvo a la poesía decididamente,
para hacerme suyo, lirio, estrella *descielada*,

labio hambriento del beso de la tinta,
preñada de ilusiones.

Es preciso llegar hasta ella con ojos abiertos,
con las palmas como plegarias,
con los pies clavados en la arena,
con la nariz atenta al aroma de los verbos,
con la nuca erizada y los dientes trémulos
de anticipación.

Hoy vuelvo a la poesía tal como me había ido:
con una sinceridad que duele, y enteramente suyo.

Island Boy

Cualquiera (2013)

En una calle cualquiera
de un domingo cualquiera
de un país cualquiera
un hombre, que por no conocerlo nadie
es él, tú, yo, cualquiera,
se ha detenido a tocar un
piano en ese cualquierizado
punto espacio-tiempo,
y me ha hecho sonreír así,
simple y alegremente,
como si la felicidad fuera
algo que cualquiera pueda dar.

Noviembre (2014)

Muy a pesar de su llanto de hojas
muy a pesar de sus árboles desnudos
sonrío cuando llega Noviembre.

Cruzo el puente, a lo lejos se despiden
con largos y retorcidos dedos
el río callado y las ramas.
La llovizna adverbia la congoja que aplasta
los hombros. Una niebla que no es niebla
arropa las calles, la capota de los autos,
la hojarasca ya inerte en el suelo húmedo.

Noviembre entero, lo sigo pensando,
es un adiós prematuro.
Pero es un adiós que no duele.
Noviembre es más melancolía que soledad,
más nostalgia que pena.

Muy a pesar de ser la agonía de un ciclo,
muy a pesar de esos árboles de colores crepusculares,
de la mañana simulando el umbral de una noche,
del mutismo, aun sonrío cuando llega Noviembre.

Island Boy

Solo de violín en un balcón (2013)

Las cuerdas
recuerdos balanceándose
el encuentro de los sentidos
una nota, un lirio de la cuerda al dedo
huellas dactilares en la navaja del sonido
sonido hondo como lamento
suspiro en lo trémulo del roce
se tensa la cuerda
se tensa el alma
el tiempo es perfecto
la luna no cabe en la noche
sopla en los oídos una cosa blanda
caricia de labios apretados
el codo sube, baja
el viento baila, aúlla
se lleva gemidos entre largas piernas
la premura del corazón en el mango
el rostro es bello sobre la gomalaca
sueñan ojos en Sol
hay niños aleteando en todas partes
al fondo del universo alguien canta
la música se traga el olvido
se levantan los párpados
el hombre es uno con la esencia de toda belleza,
ya puede morir en paz si es preciso.

Argentina (2012)
para Mauricio, Jennifer, Pastor, Cynthia, María, y Luis María

Te sé como se saben Eva, Unamuno y San Martín,
como se sabe Troya, que ardió por amor,
y Juan Díaz, masticado cerca de tus playas.

Sé que eres inmensa y orgullosa, y que tus ponientes
empiezan en algún balcón rosado, donde un norteño
impaciente esconde en el cinto un facón
prometido a un nombre.

Sé de tus cordilleras de novia vestidas,
de la música de tu lengua, de las sangres
que tiñen tu historia. Sé de una biblioteca infinita
y de la grata compañía del mate.

Tus generalidades las intuyo,
reflejo quizás de toda tierra:
el río de plata –ese mar dulce–
un paraje sereno donde crecen
ceibos y chinitas de campo,
trajín de calles y del puerto,
Buenos Aires, entre el barroquismo
arquitectónico y rascacielos,
complejo sueño de millones de almas.

Lo que no sé o intuyo,

Island Boy

lo voy imaginando
en la definitiva belleza
de una amiga, en un cuadro
de la Pampa,
en el tenue eco de la protesta política,
o en la intimidad del tango,
umbral de todos los estíos.

En un sueño no tan lejano
me he sentado al ras de la acera,
en sillas antiguas de hierro colado
y bajo el plácido revoloteo de las palomas
nos hemos tomado un café, Jeni, María y yo.
El adiós del sol ha enmudecido los colores
y ya la noche cae redonda como una moneda
de plata sobre un libro abierto.

"...las calles de Buenos aires ya son mi entraña..."

Ansío caminar esas calles.

Cuarenta (2013)

Se ha consagrado en la orilla de mis ojos
el verano cuarenta. Ha dejado cicatrices.
Ha taladrado un anunciado cansancio
en mis extremidades. Me ha inventado
muecas involuntarias, un molesto bostezar,
un gris bajo los ojos, una sospechosa proclividad
a las quietudes.
Como un amigo terco me aplaza tertulias
me envuelve en la ilusión de días más largos
y de años más cortos de un tiempo dedicado
a la carrera y al engaño.

En mi rostro ha dibujado una cosa que no logro ver.
Algo deleznable que incita a los otros
al uso del *usted* y del *señor*.
Una cosa terrible, rapaz, sobrevolando
el ego, que agoniza.
Pero no todo es malo. No todo.
El trayecto ha deshecho incertidumbres,
ha restado misterio al patrón de la dicha,
ha simplificado la estadía, ha desbastado
ansiedades.

El hombre del espejo tiene cuarenta
veranos en la cara, aunque no los vea.
Y curiosamente, en los ojos, apenas veinte,
aunque la cara no quiera.

Island Boy

Doppelgänger (2014)

Anda en los espejos un tiempo impreciso,
sereno en la llana superficie,
mas, en la hondura del reflejo, violento.
Es el tiempo de los otros, inverso,
tiempo que se embuda y se retrae,
como una casa sin armonía,
que se hace sombra tras el arco angosto de un rayo
de sol.

Tiempo de los otros, marchas en reversa,
siempre opuesto al nuestro
porque tu reflejo te opone,
tu reflejo es todo tu Sur.

Tu ruido quiebra su silencio,
tu diestra –lo has pensado– nunca será su diestra.

El tiempo de los espejos es tiempo muerto,
que ocurre en total dependencia del nuestro.
Tiempo de cuerpos inertes,
que se reaniman con nuestra vanidad.
No es fortuito que nos odien,
que sus sonrisas sean una burla grotesca,
que sus ojos no brillen sinceramente,
que aun en la perfección de su mímica,
nos parezca de un ser gastado nuestro propio
rostro, que nos avejenten a diario mil años.

En el divino orden de las cosas inútiles,
desempeñan un odioso rol: emular nuestras mezquindades.

¿Qué atroces cosas soñarán mientras vamos por ahí
conjugando pobremente el mundo?

Island Boy

A una verja (2014)

Verja elaborada, verja altiva,
verja de hierro que dibujas figuras de sombra.
¿Quién no se ha detenido ante una verja a presentir
un romance oculto a la orilla de la noche?
¿Quién que respire no ha fantaseado treparla,
y robar un fruto dulce, y volver a ser niño?
¿Quién, tras una verja dorada, no ha admirado
la blancura de una casa y el marrón vivo de la caoba?

Siempre me pregunto, ¿qué nos deparan
las verjas del cementerio? ¿A quiénes protegen:
al muerto o al vivo?

En España hay una verja que es un laberinto.
La frontera entre el limbo y el cielo es seguramente
una verja de marfil y de distancias.
De la verja en la Casa Blanca cuelgan aún las esposas
de algunos inmigrantes. Reclinado en una gruesa verja
pensé alguna vez en Hefestos.
Un poema de Borges mencionó un zaguán,
una verja, y un aljibe
y yo me dormí con los dedos sobre sus letras
y en la mañana, pura como una verdad, estaba la verja,
intacta, salida del verso.

El Poeta y la mariposa (2014)
para Luis María Lettieri

Era la tarde un haz de luz
cortando un parque en dos.
Era la tarde, y era un rumor
de voces que sonreían en los tímpanos
y otro rumor, como del eco que dejan los mandarinos
cuando huelen y resplandecen.
Allí vi lo inédito: un poeta sentado
sobre el numen acababa de crear
una mariposa.
Unos niños giraban alegres,
entrelazados como manda el amor,
con delicados dedos de colores.
No pronuncié palabra alguna
ni miré por largo tiempo
preferí echar a andar entre los arbustos
y no me importó si la hierba me dejaba verde el cuerpo,
o si la tierra me reclamaba
como una raíz frágil de arándano.
Marché sin mirar atrás
porque ya era mío el instante:
el olvido olvida la belleza.

Island Boy

Herencia (2014)

Heredar la piedra
la propiedad de la piedra
su estadía de mar, de cielo, y polvo.
Hacerme piedra de campo, piedra redonda de rio,
piedra diminuta, solitaria, inconcebible entre la maleza.

Mientras otros anhelan heredar el Jazmín, el ave,
el oro del día, el astro −aunque sea fugaz−
yo me paro en medio del cosmos,
en el mismo centro de la nada,
y me desprendo de todo, de todos,
de las flores, de la hierba,
del fulgor estival de aquellas sonrisas sin rostro,
de la nube, del rocío…
y heredo en mi pecho la piedra caliza,
la piedra asimétrica que se patea cuando se camina
y se piensa.

Mientras otros la niegan,
mientras creen que la vida es solo viento
y movimiento y que los pasos se infinitan
en los caminos mientras creen que los pies
y el eco ensordecedor de sus nombres
les alejan de la muerte, les salvan…

a mí me ha caído desde Andrómeda
una roca, un meteoro súbito e insistente,

como una gota de lluvia del ojo de un ángel,
y ha anclado en mi mente,
y un líquido de ensueño recorre los senderos
de mis venas,
y se me ha anidado como un jilguero en el alma:
y me ha confesado que no todo es brillo, amigo mío,
me lo ha susurrado con canto de sirena,
que no todo es resplandor ni nombre ni éxtasis
en este paseo de años.

Desde entonces paso y respiro con calma,
como la piedra enorme del mar, la del arrecife, la piedra
de fuego de un desierto que el hombre no prefigura
la piedra de cal, de miel, de marfil,
de materia de espíritu...

Heredar la piedra,
ser la piedra heredada de la mano de un niño,
eso anhelo con la rabia del remolino,
con pasión de mar...
Hay tardes que veo la mezquindad del hombre
y recuerdo que las piedras no padecen estas tardes.

Island Boy

Intolerancia (2013)

Aguacero llanto de todos los ángeles.
Una inopinada ira guía las ráfagas del viento.
En una mesa de caoba, olor a pizza y a cerveza,
el mundo se desvanece tras la lluvia.
Marchito, un anciano comparte un café con dos moscas.
Lo entretienen el aroma húmedo del cielo
y esa escurridiza virtud que adquiere con los años la
memoria.
Una mujer entra abruptamente y trae en su cuerpo
la lluvia.
Sus ojos buscan algo que perdió en el tiempo,
una cosa irrecuperable, que le conjura
desde los zafacones
o desde la indiferencia de un niño en la acera.
Un joven la echa a la calle porque está loca.
Fugazmente, nos miramos, ese señor tan solo y yo,
y sabemos que algo anda muy mal concebido
en los úteros de este tiempo. Miro el espejo y sólo está
la lluvia. Y noto que no hay espejo, sólo la ventana
esforzándose en la imposible objetividad del mundo.
La mujer camina entre las violentas gotas con los brazos
abiertos, y supongo no con poco espanto que podría ser
el mesías.
El anciano se ha bebido el café,
y sólo queda una mosca.

Filosofía de la duda (2014)

Alguien habrá −es imposible que no exista−
que hable el húmedo dialecto del coral,
que entienda y calle los gestos del mandril,
que intuya el discurso oculto en las nubes,
que coleccione las formas en los ojos del tigre.

Alguien, sin duda, comprendió la geometría
de las cordilleras
dibujó, en pétreos lienzos, gigantes,
hombres de cien cabezas, una mujer...

alguien, cuyo nombre no se pronuncia con labios
de carne, adivinó débiles dioses (que nos precisan
para seguir vivos)
más arriba de las alas del murciélago,
y la voz certera de un dios más íntimo:
el que habla desde el silencio,
en los solitarios rincones del cráneo.

Alguien hay ya, sentado sobre la piedra,
que habla con la piedra.
¿O es la piedra que habla, y en su épica soledad
le imagina un lenguaje?
Hay un niño que cifra los sueños de cada hombre,
una mujer, volando, traza mapas al vuelo del cóndor

una anciana cuenta y recuenta los muertos

Island Boy

de su infancia,
que es la infancia del universo.

De todos los hombres hay uno   *¿hubo?*
que creó el número, la medida, la rueda...
¿Acaso otro desde una atalaya inventó el movimiento
de esa rueda? ¿El camino?
¿La huella en el polvo? ¿Su longitud?
¿Acaso un hombre anterior le pensó una tarde cuando
el tiempo mismo (*inconcebido*) no existía, y al pensarlo,
lo creó?
¿Somos los hombres (¿qué otra cosa podríamos ser?)
letras de un alfabeto supremo? ¿Conejillos de indias?
¿Pálidos versos de un poema con cuatro continentes?
¿Nos hacemos o nos destruimos cuando, más que letras,
pretendemos ser el alfabeto?
O ¿somos simplemente el sueño de otros?
¿Y si todo esto no es más que la arrogancia
del hombre?
¿Y si no existimos? ¿Y si somos apenas un reflejo
que se ve a sí mismo, y se cree?
¿Y si todo cuanto existe no es obra del hombre,
si esas gentes que menciono son no más
que menciones?
¿Palabras de labios inexistentes?
¿Párrafos de humo, fortuitos, incoherentes?
¿Entonces qué?

¿Si nada existe y todo es el tiempo inerte de las cosas,
entonces cómo vivir y cómo morirnos?
¿Cómo deshacernos de esta incertidumbre si somos

polvo?
¿Acaso nos piensan los árboles?
¿Nos imagina la sombra?
¿El mar nos piensa?
¿Acaso nos sueña la maleza? ¿El manatí?
¿Somos no más que complejas imágenes
en un sueño milenario?

¿Será que al escribir estos versos escribo el pensamiento
de quien me piensa?
O, inversamente, ¿estas letras me escriben los dedos,
la frente, el marrón de los ojos?
¿Somos acaso, junto con Dios, la constante pesadilla
de un gato en las raíces de Yggdrasil?

Island Boy

La Mañana de mi padre (2004)
para mi padre amado, Ramón Smith

Reclamo la mañana de mi padre.
La silenciosa mañana de su ausencia,
que no supo apartar de mi memoria su compañía.

Hoy la reclamo, justo en este instante de soledad.
Una nube ciega la claridad del día como una mala premonición,
mientras las cosas vivas pasean las veredas
que van de la existencia a lo inevitable.

No lo he tenido todo. Has estado muy lejos
de mis dedos.
Si fui fuerte alguna vez, esta mañana no me perdono.
Debí ser más osado para el llanto, para reclamarte antes,
para gritar en cartas que te extrañaba, padre.

Reclamo la mañana de mi padre, la extraña mañana
que no logro borrar del pizarrón de mis recolecciones.
En los retratos animados que mi mente recupera,
me veo sentado en el suelo a cuadros,
en un *overol* azul, con afro, y ojos como globos,
mirándote intensamente, casi dolorosamente,
fotocopia de mi, un acto de magia,
como verse en un espejo
de tiempo, como verse uno mismo ya futuro, saberse.

Decir tanto es abrir una caja de congojas,
y retomar un sendero no planeado, pero igualmente recorrido,
a fuerza de destino.

Reclamo la mañana de mi padre mientras sostengo
esta copa, humo, café negro y caliente...
lo pruebo, y es como un pozo de lágrimas
obscuras que me lanza hacia atrás, hacia otras mañanas,
cuando más te extrañaba y no lo sabía,
cuando más te necesitaba y mi mente de niño
no lo sabía.

Hoy te saludo, padre,
en esta mañana tardía y reconciliadora.
No te nombro al sol porque ya no resido en abstractos.
Todo lo que quiero ahora, en esta mañana, padre,
es estrechar tu mano, tocar tu espalda,
reclinar mi cabeza ya adulta sobre tu hombro, y decirte,
con todo respeto, niño siempre por ser hijo,
que te he amado.

Island Boy

Los que se marcharon (2005)

No hay noticias de los que se marcharon.
Nadie los ha vuelto a ver.
Vengo dudando de esta insistencia del pasado
en no devolver (mas que en la mente,
con intermitencias, y de vez en cuando) lo ocurrido.

Se inmovilizaron sus dedos,
quedaron quietos los pies que tanto anduvieron,
los brazos que abrazaron con fuerza,
las uñas que crecieron en silencio, con insistencia.
Todo quedó quieto. Ya no volvió a sonar la voz ronca,
ni suspiró, ni estornudó, ni pronunció mentiras piadosas,
ni verdades que dolieran.
Se quedó todo quieto, muy quieto, tan terriblemente quieto
que hubo que enterrarlo, con pena...con miedo...
porque a lo mejor era contagiosa la inanición
y ya podríamos quedarnos todos duros como estatuas,
y con la mirada opaca, como perlas.
Por eso, rápidamente, como si de odiarlo se tratase,
nos apresuramos a deshacernos de la escalofriante
inmovilidad del ido.
Y desde entonces, desde que lo limitamos a la madera
y a la tierra, ya no sabemos más de él.
No sabemos cómo le va, ni qué hace, ni qué no hace
no nos escribe para contarnos naderías,
no nos confía cosas de importancia.

No nos hablan los que se marcharon y se me antoja
muy sospechosa esta aparente ingratitud.

Algunos enérgicos, gente de inmensas bocas,
argumentan divinas teorías.
Dicen que viven allá eternamente.
Que sufren eternamente.
Me urge preguntarles con cuál de los idos
han hablado que les han contado aquello.
Se me hace raro que los que se marchan
se van tan lejos,
que no sólo no volvemos a verlos, ni llaman,
ni escriben, sino que ni siquiera se nos quedan enteros
en la memoria
mas se van marchando paulatinamente, con tristeza.
Los va borrando el tiempo y nos va envolviendo
en lo que nos queda, en el movimiento, en los ruidos,
tanto que nos arrebata lo que ya no es,
lo que no se mueve, lo que se ha marchado.

No tengo noticias de los que se marcharon.
Por eso, no me hablen de lo póstumo.
Si me van a dar sonrisas,
procuren dármelas mientras permanezco.
Y háganlo rápido y a menudo, pues he empezado
a sospechar que son las únicas que tendré.

Island Boy

Metamorfosis (2004)

Tan cansado estoy que me volveré rueda.
Prefiero rodar. Tantas hombredades me dejan muy poco
y es tanto lo que uno tiene que hacer que rehúso
obedecer estas ruidosas reglas,
que me halan como hilos de títere.
Prefiero ir rodando como planeta sin órbita,
anhelando satélites leales, constelaciones de triviales
conversaciones, asteroides que no hablen a mis espaldas,
que no se preocupen tanto de lo que debe ser,
de lo que no debe ser, de lo que se exagera
siendo pequeño, y se transforma, y se agrava.

Me gustaría volverme un planeta veloz,
un cometa envuelto en mi propio fuego,
dejando a mi paso una cola de luz, como de angora,
una nave pirata surcando el universo.

Me inclino a ser planeta, o rueda, y andar sin rumbo,
doblando aquí, pausando allá, descendiendo huecos,
escalando como pueda altas pendientes,
sin la aburrida diplomacia de la pretensión.
Veré entonces una flor amarilla colmada de soledad
y le ofreceré ruedas también.
La imagino hurgando en el laberinto hasta encontrar
el jardín,
sea lo tosco que sea, lo pequeño que sea,
incluso allí, en el jardín de las cruces de cemento,

solemnes entre el polvo y la maleza,
habitado por aquellos que ya no pueden habitar
(Ejerciendo el protocolo único y horizontal del silencio)
y de las aves en cuyas plumas descansa la noche.
Allá también se plantará la flor con sus ruedas y aguardará
hasta que sus pétalos encuentren, sin prisa y sin llanto,
la noble entropía.

He caminado tanto que no extraño otra milla,
ni otra boca con pasiones misteriosas,
ni enigmas de orígenes
o destinos, ni siquiera la ilusión de la felicidad absoluta

(Esa que he tenido tantas veces y que solo llega
con las cosas simples, esa que se ignora aún
en su plenitud)

Ven, flor amarilla que suspiras como niña en un verso,
acompáñame a convertirme en rueda
para no tener que cuestionar nada,
para no ser tan arduamente cuestionado,
para perdernos en el laberinto de la vida.

Solamente perdiéndonos nos encontramos.
Solamente amándonos nos entendemos.
Solamente aceptándonos nos convertimos
en algo más que polvo, cemento,
y una fosa con gusanos y sombras.

Island Boy

No te confundas (2014)

No te confundas
la lágrima no siempre es llanto
ni la sonrisa siempre júbilo.
Hay una mañana que la lágrima
acaricia la mejilla porque regresa quien se ama.
Y en un callejón sonríe el malhechor
entre las sombras tras los pasos de una niña.

No te confundas
el abrazo no es siempre abrigo
ni la distancia siempre indiferencia.
Hay quien reemplaza el brazo con hipocresía
y te congela de envidia
y hay también quien te ama bajito y a diez pasos
y te mira de reojo y te cuida como un ángel.

Obsequios (2014)

Un anciano te regala la nostalgia
de una tarde frente al mar, un logro,
la certeza de la dignidad ante la muerte.
Una mujer te da su cuerpo (que es su templo)
su amor en forma de red para salvarte de ti mismo,
su vientre, que es el jardín de tu inmortalidad.
Un amigo te regala la risa,
su mano que es su forma de decir la verdad,
su soledad a tu lado, que en el gesto opaca la tuya.
Un hermano te obsequia su sangre, su niñez,
la puerta de su casa y de su alma.
Un padre te da un libro, su voz sabía y rota,
la imperecedera esperanza de que seas más que él.
Un hijo te lo da todo, irónicamente, cuando te necesita,
cuando busca tus brazos, cuando en sus ojos brilla
la aceptación de tu amor.

Pero una madre, una madre da tanto,
tanto,
que al darte la vida, apenas empieza...

Island Boy

Otro niño (2013)
para mis amigos de La Vida es Poesía

.
Narraré entonces el otro niño, el de mi pecho,
el dormido en los rincones de ocho lustros,
el ecuánime de sueños, el puro de ilusiones,
el carcomido y el angustiado y el hacedor de caminos...
Habré entonces concedido un espacio a este otro niño
maculado de falsas técnicas de risa,
instruido de abismos,
al heredero de elusivas memorias, de íntimos olvidos,
al de los indesarrollados talentos, al de las lluvias tristes
de cielos con ojos distantes, al de mi pecho,
que me duele...
Este niño no danza libre como el otro,
le han atado, le han medido, le han condenado
a un féretro
y no le han dado siquiera la merecida dignidad
del difunto.
Lo han enterrado sin música por dentro,
a que tal vez lo acompañe la poesía.

Vana Filosofía (2012)

Vano el mundo.
También el secreto sueño urdido en la tarde,
el alegórico espejo, el verso: mímica falaz de la belleza.
Vana la riqueza, el amarillo tintineo del oro al caminar,
los ojos ávidos de atención, el nombre que halla dicha
en su eco.
Vanas la adjudicación de méritos
y la insistencia de la razón.
Vana la mentira, si no oculta la atrocidad de una verdad.
Vana la estación de la felicidad, el afán de perfeccionar
a quien se marcha para siempre,
el espectáculo de la pena.
Vana la admiración que idolatra,
los argumentos que nos justifican,
quien grita su desdicha o su ser magnánimo.

Son vanos los artilugios de quien ama:
el amor es indecorable.

El amor es o no es.

Vano vivir en el futuro, temerle a la muerte
negar las apetencias, jactarse de la cobardía o del valor.
Vano sufrirse feo, creerse bello.

Vano el halago, mas no la alegría del halago,
la vanidad la reafirma.

Island Boy

Incluso en estas líneas me traiciono:
la admisión de la vanidad es una vanidad disfrazada.
De algún modo elemental,
peco de creer saber algo que los demás aún no infieren.

Sobrevivir el Leteo (2014)

Para sobrevivir en el Leteo
se precisa no temerle al pasado.
Es necesario husmear en todos los cuartos
de la memoria.
Husmear a diario.
Aún a través de esa ventana
donde acecha una lágrima.
Hay que ir de reversa, mojarse los dedos
en la corriente violenta de penas y de júbilos,
arrodillarse ante el tiempo
abrir los ojos como se abren las puertas de una iglesia:
a que entren las almas que quieran,
a que salgan los incompatibles.

No se puede ir en su contra si queremos sobrevivirlo.
Nadar contra la desmemoria es forzarnos el olvido.

Llega antes el recuerdo que no se busca.
El que se procura se escabulle, se lía,
se deja arrastrar hasta el fondo
y se confunde con fango.

Para sobrevivir en el Leteo
hay que aprender a flotar sobre visiones
escribir o narrar la vida,
y hay que hacerlo con frecuencia.

Island Boy

Hay que luchar, no contra el río (que es la nada)
sino contra la soledad, que es el principio
de ese infinito espejo de tiempo,
de las dos caras de esa moneda:
la memoria y el olvido.
Para sobrevivir en el Leteo es preciso volver cuanto
antes a la niñez, y repasar los senderos,
todos los senderos,
hasta hallar nueva vez la alegría.

Como todo poeta: la luna (2014)

Levantaré mi voz, mi voz de tinta
mi voz alada, subiendo en espiral
colgando en tus rayos.

Levantaré mis dedos, mis dedos que te cantan
todas las voces de mi ser.
Los alzaré, los izaré bandera a que te besen,
a que te toquen
a que te reciten los versos de tantos verdaderos poetas,
ya muertos, ya ubicuos e inmortales.

Estas ofrendas son para ti, ojo claro del cosmos,
estos anhelos que se me desprenden como plumas
del alma, como se desprende de las nubes la lluvia
mansa, la lluvia triste que grisea la tarde.

Estas ofrendas son para ti, y son quizás las mismas
que te hiciera Lorca perdido en el campus,
temiéndose un poco en las noches surrealistas
donde te veía desnuda y con bigote largo y con puntas.

Acéptame, luna blanca y manchada,
acepta la poesía de un hombre que no quiere
ser solo un hombre,
de un hombre que aspira a ser fuego, ráfaga y trueno,
tiempo impreciso que se devuelve en el aire, y te besa.

Island Boy

Porque a los pobres nos duele verte en la distancia,
nos duele esta convicción de pobreza, de pasajera
estadía...
acepta mi ofrenda, luna temerosa de Fenrir,
luna detestada por el sol profundo,
acepta mi canto torpe y solo y humano,
y déjame ser tu compañero entre sombras.

Déjame ser, fugaz como un astro, tu breve y silente
hermano.
No es que lo merezca, luna amada de los muertos,
luna maleable de los sueños, es solamente
un deseo, y la vana necesidad de emular tu belleza
con poesía.

Mañana gris de obrero (2013)

Ahora es dardo mi mirada
surcando el animado trayecto de la niebla,
dispersa ya y clara, en el aire helado
de la mañana que, gris,
es un eco de la noche muerta.
Me esperan la calle insomne
y el incesante golpear de trenes,
los ojos indiferentes
y la premura de un drástico ciclo de manecillas.
Más allá, inexorable, aguarda también el estricto
juramento de las rutinas.
Bostezo, largo y hondo, siguiendo de instinto el norte
de mis pies cansados,
y me pregunto sin pena o miedo
¿Hasta cuándo?

Island Boy

Música por dentro (2013)

Un niño danza.
Sale de una casa de clavos oxidados
y danza en medio de la calle.
Sale de una iglesia de Cristos enmohecidos
y danza sobre los árboles.

De un aljibe olvidado sale, danzando,
y en pleno vuelo, danza hasta las nubes.
Es un niño de manos blancas, de rostro amarillo,
de hombros rojos, de pelo negro,
de pies del color único del baile...
...y sale de la sombra de un toro y danza
en medio de la tarde
sale de la luz del sol que se posa sobre
un escupitajo y danza en el borde de la pobreza
y sale del ojo de la aguja y hace círculos de hilo
en la yema de las Moiras
y sale del miedo y danza, sale del odio y danza
sale de la demagogia y danza...
Un niño ciego danza a toda hora
en todos los rincones de la tierra
y cada movimiento de sus pies es una lágrima,
y cada movimiento de sus manos,
un intento por atrapar una sonrisa.
Danza, niño, no te detengas.

Yo también busco mi música por dentro.

Al hombre de Walt (2013)

Yo también quiero cantarle al hombre.
No a todos los hombres, sino a uno que no he sido.
Le canto al hombre que habita otros hombres.
Al mismo hombre de cuerpo eléctrico[2]
de cuerpo sagrado, templo del movimiento,
arquetipo de acción.

Le canto al hombre que no se demora en discursos,
cuyo motor no es la quimera,
al que no idealiza sus pasos.

Le canto al hombre verbo, al benefactor de sus músculos
al que desconoce el abandono de su cuerpo
al de pies calientes, al de sangre de bengala,
al de sudores, al de largas horas de sol,
al de arduas jornadas construyendo cosas,
desbaratando cosas, levantando puentes,
cruzando a nado el río del tiempo.

He sido un hombre de palabra,
de oraciones largas y de ociosas memorias.
Mis esfuerzos son de la sien a la boca al oído.
Soy hombre de lápiz, no de espada.

---

[2] hombre de cuerpo eléctrico es una frase en honor a Walt Whitman, quien la utilizara en Inglés en su libro *Leaves of grass*.

Island Boy

Le canto al hombre que hace su dinero
al que conduce, al que guía,
al que pone y quita piedras,
al que brinca obstáculos, al que seduce a su mujer
no sólo con la palabra, sino con la boca,
con la sonrisa retorcida, con el látigo de sus dedos,
con la certeza de sí mismo,
con la virilidad de su cuello,
con la anchura de su espalda,
con la firmeza de sus piernas, de su antebrazo,
de sus ojos como puñales,
que brillan en el misterio y en la ira.

Le canto al hombre que un día se reflejó
en mi espejo
y que fugazmente me creí.

Mujer desnuda y de frente (2014)

Cuatro noches en ti:
la que cae cascada sobre tu hombro
las profundas noches de tus ojos
la que ruega amor a tres lenguas de tu ombligo.

Las geometrías de tu desnudez se calcularon
en el secreto hábito de una quimera...

o ¿eres, tal vez, giro aleatorio devenido en milagro?

No lo sé. Solo que el espacio entre tus labios
parece suplicarme un beso,
solo que tus dedos sostienen las paredes del mundo
y piden: sostenme.

Tú ahí como Eva ante las flores
ante los nerviosos ojos de los Hijos de Dios
ante la mansedumbre del agua primera.

Conmueve verte natural,
con la invanidad de la piel
y la sutil erección de tus lirios,
con la docilidad de tu silueta honda en el contraste
de luces, sombras, y curvas

y el imaginado roce terciopelo de mis yemas

Island Boy

en tu ombligo.

Te veo sublime contra estas puertas blancas
y pienso:
cuando una mujer se desnuda para otros ojos
la mueve una indomable entrega,
el capricho de una esperanza,
de darse a un Adán y no a una serpiente,
de crear un mundo de Abeles,
de inmortalizar amores
con el soplo único de su vientre.

Te veo vestida de aire y piel,
natural como un arroyo
como un instante de inocencia,
y suspiro…
y te me escapas de la boca: perfecta.

Pre-estío (2012)

Acecha el verano,
me lo dicen el ajetreo
de la gente, esa animada pasarela de sonrisas
y la parcial desnudez de las muchachas.
El cuarentón mira de reojo y el *tineller* se lanza
como flecha.
El termostato recita un sudor
y ya comienzan los viejos a batir cartones
como espantando alimañas.
La primavera está apenas en las alergias
y en los parques.
Para ayudarle,
un niño que nunca será blanco pasa vendiendo rosas.

Island Boy

Laberinto hombre adentro (2014)
para mi buen amigo, el poeta Daniel Montoly

Todas las esquinas iguales
como un espejo reflejo de infinitos espejos
este rostro que se multiplica, estas manos ya muchas
estos pies temerosos de tantos pies exactos
sobre un camino de incontables puertas
como una palabra grabada en los lindes de la cordura
ya en la verja de la demencia,
se recrea dolorosamente a cada minuto
y es quizás la palabra Miedo, que suena así,
eco arquetipo vivo de su nominación:

miedo *miedo* miedo *miedo* miedo *miedo*

palabra que se crea a si misma,
como el silencio, que se deshace cuando se nombra,
nace en estos pasillos interminables
solo de pensarlo: nace, se hace, se siente, se acuña...
se repite en cada punto convexo,
donde la pared da paso a otro corredor
y la esquina es la esquina anterior,
y el rostro es el mismo,
a pesar de que ya no somos los mismos,
porque no hay cómo serlo si se vive a diario el cambio
de las cosas y los que éramos no somos iguales
en la mirada de los otros,
junto al cuerpo de los otros, en cómo lloramos la risa
de los otros,

o cómo reímos la desgracia de los otros...
porque, como he dicho,
es quizás el miedo entre los dientes careados,
o allí, a la siniestra, donde un mudo golpeteo
nos mantiene animados cual marionetas.

El miedo va y viene, y no es el mismo,
como tampoco lo es la expectativa de lo que guardan
las esquinas de piedra:
el espanto, el asombro, la llaga en la memoria,
las ruinas de la pobreza del amor,
la humillación del hermético inodoro,
el átomo que origina la envidia, el deleznable avance
del tiempo...
y apenas conservamos intactos el nombre,
la huella de los ojos,
la identidad de la voz, el extraño mapa que es la cara,
una decepción que reta al olvido,
una tarde perfecta en la que fuimos enteramente felices,
ese terrible pesar,
ese abismal pesar del desperdicio de la juventud,
y lo atroz de no haber amado sinceramente...

pero nos llaman las esquinas infinitas,
nos llaman a seguir temiendo
y a seguir la pista de los sueños,
y en cada vuelta,
una puerta al lado de otra *al lado de otra* al lado
de otra que parece abierta como la anterior...
y a lo lejos, la inagotable hilera de puertas susurrando
mi nombre,

Island Boy

susurrando el tuyo, tentándonos,
como caer desde un puente
cuando uno cruza y la muerte le llama en el viento,
y el vértigo es una mujer de largas piernas y sexo
húmedo y de cierta absurda inocencia en su desgarradora
desnudez de abismo y de río malevo,

y uno quiere saltar para morirse,
en el fondo uno cree que salta
a la resurrección de algo fantástico y exótico,
saltando quizás al primer beso nuevamente,
o a la primera mentira,
y uno mira así, furtivo
y cada vez más pretérito en la pisada,
y siente el escalofrío de esa voz clamando el salto.

Nos llaman los pasillos de curvas estrechas
y de altiplanicies,
y de callejones sin salida donde se amontonan como
naipes los huesos de mil minotauros.

Las ventanas tienen barrotes
y hay barrotes a veces entre dedo y dedo,
para que no se puedan asir las oportunidades,
o el mango de un puñal torpe, que se clava y da vida
en lugar de muerte.

Lo más confuso es el circular correteo de los días
y las noches,
y ese afán del tiempo de marearnos
como en una calesita ruidosa

que se cansa a veces y que a veces se lanza colina
abajo, avalancha de algo pesado y burdo,
como la nieve o la tristeza.

Justo cuando nos agotamos,
algunas puertas se cierran y otras desaparecen,
y solo quedan entreabiertas las que soñamos
ocho lustros atrás.
Para entonces andan nuestros nombres en las secas
bocas de los minotauros óseos, cantando unas estrofas
de ultratumba y rechinando sus vencidos dientes de toro
y de anciano,
y esas puertas parecen aplaudir en un violento
abrir y cerrar,
y ya uno sabe que es una señal,
ese terrible cerrar de puertas es una burla,
y la esfinge nos trae del averno la tercera pierna
mientras que Edipo y Jesús ríen
y discuten todos los acertijos de Dios y de los hombres,
y cuando se cierran los ojos para soñar,
ya no se sueña nada más que recuerdos difusos,
y un 'collage' de gente muerta que nos sonríe
tímidamente
y nos hace señas con las manos,
que nos acerquemos,
que ya es hora.

Island Boy

Feria del libro (2014)
para la estimada Cuentista Lady Laura Balbi

Ahora quiero ese olor
el añejo olor de los libros
también sus portadas,
bellas en anaqueles
sus tipografías escarlata,
el misterioso polvillo posado en sus lomos,
la pátina de leales dedos,
o esa otra,
que en mis fantasías ha quedado de otros ojos.

Andar estrechamente en aquellas calles,
rodeado de árboles y de niños,
ver en esas casetas hileras de sueños
a la espera de un alma, de unas manos,
que los destine a la paternidad de su mirada.

Andar estrechamente entre la multitud,
hablar con extraños de un título o de un momento,
y darme a la grata vanidad de creerme lector
de tener memoria para un verso de Rimbaud,
de asentir a la mención de un cuento ya muerto
en el tiempo.

Andar en círculos,
y pasar una y otra vez las mismas muchachas,
las mismas flores alegrando la tarde,

y el mismo anciano quizás aun en la misma página,
leyendo nueva vez su propia historia
en la tinta de una imprenta que ya no existe.

Pasar sin prisa, libre, sereno,
como una burbuja de jabón,
y en el amoroso roce de mis yemas
contra el relieve de un nombre
presentir el vasto fuego de Alejandría,
la muerte de Asterión,
el vértigo de Ícaro, la seducción de las Moiras
eternamente hilando destinos...

Pero al final, al final es solo el olor,
el placentero aroma del papel que han besado el tiempo
y el hombre,
eso...y caminar entre estas gentes
en busca de otra historia o de otra poesía.

Island Boy

TERCERA PARTE

Al final, después de todo, siempre se vuelve al amor. Al amor en todas sus manifestaciones, con sus altibajos, con sus brillos y sus sombras.

Cuando el poeta toma la pluma, lo mueve el amor. Ya sea el amor al arte del verso o el amor que lo alegra o que lo hace sufrir. Sin temor al equívoco, todo lo que nos importa viene del grato afán de amar.

En la poesía que he seleccionado ahora, el amor –a la mujer, a la amante, a un amor que ya no existe- es el protagonista. Es un puñado de poemas, escritos desde hace una década hasta ahora, donde el amor recorre un lúdico sendero (que a veces se torna nostálgico) de capas distintas, en las que en ocasiones he sido víctima y en otras victimario. En el que no hay respuestas, solo un manojo de visiones de otros tiempos, de anhelos carnales y de derrotas sentimentales; de esas que sufrimos todos alguna vez; de las que nos hacen humanos.
A pesar de las decepciones, el amor sigue siendo el motor de nuestras vidas.

Edgar Smith,
Julio 1, 2014.

Island Boy

Aquí te espero (2012)
para María Laura

Aquí te espero, entre las palomas, improvisado
superpuesto en la multitud, para no perdérmele
a tu mirada cuando llegues, para que me distingas
de los tristes, de los iguales, y del gris de las sombras.

Te espero sentado bajo el rojo del paraguas,
frente a los globos que le conversan de una secreta fiesta
a las puertas. Te espero ojeando un balconcito
de lo más coqueto, donde un intenso rayo de sol
traiciona los ojos de un gato color rubí,
y unas siluetas difusas evocan tus caderas y
—no sé por qué— el cuerpo frágil de Julieta suspirando.

Te espero medio oculto para que no me estorben
la soledad los curiosos, y mientras, a nadar mis labios
en un *espresso* en taza ancha.

Aquí te espero viendo la gente pasar,
ensayando una y otra vez la astucia de mi voz
al saludarte, e intuyo la cadencia de tu cintura rompiendo
el viento, y proclamo nuestra la alegría de esos colibríes
dando brincos en la acera.

Ven, que la brisa está cantando tangos, y ya la falda

de una veinteañera ha alzado vuelo, y yo tan hombrecito
disimulando los ojos, mi mano animándose con un verso,
y la tinta falla en la piel de la servilleta.

~Me urge ahora preguntarle a un señor con chalina
verde qué cosa lee tan absorto y a estas horas~

Ven, que ya te he esperado *penélopemente* bajo
demasiadas costuras de lluvia, y no aprecio la amenaza
de los nubarrones violentando el horizonte,
que de tanto pensarte se me desvigoran los vigores
de la esperanza, y ya van quedando
pétreos como ingenuos amantes.

Aquí te espero, mujer fantástica, improvisado en el tiempo
y fortuito como un puño de arena que se trae
del desierto y se deja caer, sin aviso,
en la orilla de cualquier playa.

Island Boy

Tiempo de tu ausencia (2013)

El tiempo de tu ausencia transcurre
en un lugar inaccesible, donde los dedos
del tiempo mío intentan en vano circularlo
en las esferas de los relojes.

No sé cómo explicar tu ausencia, ni la aridez,
ni la asfixia que la reafirman cuando te buscan mis ojos,
cuando te buscan mis horas, cuando menciono
tu nombre sobre la página aspirando un susurro
que me lo devuelva en tu voz,
un relampagueo etimológico que me ciegue del mundo,
que me dé solo tu rostro aun bello y de sonrisa triste.

El tiempo de tu ausencia no es tuyo y no es mío,
es un tiempo que fallece y que me duele en las
sienes y en la osamenta de mis anhelos.
Es tal vez el tiempo intransferible de una pesadilla,
donde me ocurre que estás sin estar,
y que las manecillas giran sin propósito.
Sé que no sabes entender la desdicha
de no verte, tú que de ternura te reflejas
hasta en el viento.
No saberte a diario tortura
espacios que antes sonreían.

El tiempo de tu ausencia es una cosa fría,
muy fría, que ni la poesía logra cruzar sin llanto.

Casa del ruido continuo (2004)

La casa se ha reducido a un incesante ruido,
a un silencio que se desangra.
La tarde se ha usado ya, está tirada sobre la verja
y huele a cosas añejas, a criaturas verdes,
a sueños de cloroformo.
Todo es de un sonido letárgico y ancho, casi concreto,
como leche derramada sobre la mesa.
La tarde y la casa parecen sacadas de la fábrica
de otra realidad.
Yo también he cambiado. Confundido entre muebles,
superpuesto a los floreros y ante las centelleantes
cerámicas,
y sobre minutos que cuelgan de la nariz
como lágrimas gentiles.
Soy otro inventándole adverbios a mis pasos,
cayendo como la tarde muerta en los contenes,
reptando hacia la cisterna de la memoria.
Soy otro que se nombra, se renombra, y se contesta
de súbito y sin saberse, porque ya todo ha cambiado,
todo se ha movido.
Todo en la casa ha transmutado en ruido y movimiento:
los espejos conversan con las columnas,
los escalones discuten la tortura de las pisadas,
dos perros ladran y se besan en el patio...
y todo se suma a la conmoción, que pasa,
pero no caduca.

Island Boy

Continúan estas cosas desprovistas de pausa,
estas imprecisas cosas que pudieron ser estáticas
e irrelevantes.
Todas estas cosas, grandes o diminutas, suenan,
suenan y pasan indeteniblemente.
Lo único que permanece eres tú.
Tú, inamovible, entre sílabas de viento,
hablando el lenguaje de la belleza con una errante
mariposa.
Tú, misteriosa como un gato, ignorando mis manos.
Lo único que permanece eres tú en mi abismal soledad:
inalcanzable.

En el restaurant Don Pedro's in NYC (2012)
LG

Conversar mientras un piano
confiesa una dicha o una pena
trae cierta especial alegría.
Sus notas, pétalos de otoño,
nos liberan de habituales.
Dos copas, dos platos, dos carcajadas
nosotros susurrándonos golosinas
mientras la tarde agrupa colores
y la gente, al pasar, envidia nuestra sombra.

Huele a hogar y a domingo.
Las sillas, duras de caoba y bellas
(no como un rostro, sino como un paisaje,
como un arte)
achocolatan junto a las escaleras
todos los rincones.

La tranquilidad se nos sube a la mesa
como un fantasma
Juega entre las hileras de botellas
danza sobre el mostrador
donde una linda cajera inhala un recuerdo y suspira.

~En la burbuja del amor no caben premuras~

Island Boy

Más grato el bocado que se demora en el horno
como un verso que levita, puro,
hasta encontrarse a sí mismo en el papel y la tinta.
Y al comer, al fin, cada suculencia es símil de un beso.

Tu postre queda en mis labios
y con el café la tarde se tiende sobre la blancura del mantel.
En la despedida de los colores hallamos la propia
y, agradecidos, prometemos volver otra tarde.

La muchacha frágil nos ve alejarnos y sueña.
El amor es contagioso cuando suena un piano.

En París (2012)

Aún conservo del Sena un húmedo aroma,
agradable y leve,
como un rostro que llega de lejos, con calma,
atravesando la neblina y la docilidad del rocío.
Conservo también una moneda de dudosa
denominación, un fulgor naranja que rosaba
Notre Dame, un artista que dibujaba una muchacha
de pelo anochecido y largo,
el vértigo del suicidio, un punto cardinal
a donde mis ojos miraron y ya no recuerdan
cómo dejar de mirar, un inusual deseo
de conocer a Juana de Arco.

La noche nos sorprendió besándonos.
Nada ocurrió por largo tiempo, sólo nuestros labios.
Fue, si he de decirlo, un beso francés,
con veranda alta, una gárgola que sonreía,
patio amplio y flores que colgaban
como *lágrimas.*
je t'aime, dijiste con acento de barrio Dominicano
y reímos hasta bien entrada la madrugada.

Al otro día partimos en un bus de dos niveles
y un señor de voz expirada cantaba triste
en un idioma de aves.
Hombres robustos te miraban sin rubor

Island Boy

yo te abracé todo el trayecto, temeroso de perderte.

Volvimos a casa y se reanudó la vida,
y ya han pasado demasiados años.

A veces en el balcón cierro los ojos y, al aspirar,
recupero el Sena en la brisa.
Las mejores de esas noches,
puedo verte cerrar el candado
y lanzar sin misterio la llave desde *Pont des Arts*.

Hay algo muy grato en revivir la trayectoria
de la llave, su brillo intermitente,
su adiós en las aguas.

Me pregunto cuántos habrán acariciado nuestros
nombres en ese candado a los pies de un poniente.

Resignación (2013)

Nos marchamos.
Al tiempo, nos infatuamos de la juventud
partimos, envejecimos en la carcajada
y lloramos luego, bajo cielos ya sin promesas.
Todos nos marchamos, ajados y apiñados
en una soledad tan densa que creímos insuperable.
Y vivimos, sí, apenas.
Nos marchamos todos, lo recuerdo,
menos tú.
Tú, que fuiste siempre más flor que mariposa
más hogar que travesía.
Todos nos fuimos, ciegos, tras el sendero del goce,
y tú permaneciste allí, en silencio,
convencida de que eras más que belleza,
en ese jardín por la veranda donde
una vez nos sentamos, victoriosos y anhelantes,
bebiendo cerveza clandestina y criticando
toda poesía, la que amábamos en secreto.

Te amaba entonces, de la forma que el toro ama
el cambiante reflejo de la luna en el lago.
Te amo ahora, de la forma que esa misma luna
ama el circular movimiento de las ondas en el agua.

Island Boy

Vencido/Desnudo (2012)

Desnudo, idéntico a mí mismo.
Quise, contigo, ser espejo perfecto de mi alma.
Desnudo e implícito, como la muerte,
como estar vivo, o como el muerto,
obligado a la renuncia
de todos los adverbios,
quise sonreír y quise llorar.
Quise sonreír y llorar en el momento
preciso de la risa o del llanto.
Quise adherirme a la tácita perfección
de la verdad absoluta, y no escatimé
esfuerzos en desnudarte de falaces
giros del ser.
Quise asentir y quise ser un *No* rotundo.
Quise decir te amo, pero sólo cuando
no me moviera otra cosa más que el amor.
Quise hacer estas elementalmente complejas
cosas desnudo de atajos.
Quise ser auténtico, desencadenado
de pretensiones.
Quise ser un hecho innegable en tu vida.
Al final, cuando nos venció tanta sinceridad,
aborrecí la desnudez.

Cuando digo te amo (2012)

Cuando digo *te amo* quiero que te duela.
Te amo debe ser más allá de la palabra.
Quiero decir *te amo* y que sea una ola, una estampida,
un golpe atroz...
¿De qué está hecho el amor si no de electricidad?
¿De qué si al nombrarlo no duele?
Si siento tu amor en mi pecho como un incendio
quiero, al decirlo, saber que te quemas.
Quiero decir *te amo* y que se dilaten tus pupilas,
que se erice tu nuca, que se atoren todas las vías
de tu sangre.
Quiero decir *te amo* y que lo sientas en los dedos,
en las yemas frágiles de tus dedos de niña.
Quiero que al lanzarse desde mi boca cada letra
se te clave en las mejillas, en el cuello, en el temido
campo de tus pezones, en los labios...
en todos tus labios.

Quiero decir *te amo* bajito, en el arcoíris de tus tímpanos
y que su fuerza sea una explosión en tus adentros.
Te amo, te diré, y lloviznarán tus lágrimas la noche.
Te amo, y que tiemblen tus sueños.
Te amo, y que sude tu voz como suda tu cuerpo
rendido
bajo mi cuerpo.

Cuando te digo *te amo* quiero que te duela,

Island Boy

así, para que se quede no solo en tu corazón
mi recuerdo,
sino también en la epidermis, en la dermis,
en el subsuelo
pasional donde se diseñan, sagrados, los placeres.

Quiero torturarte a *te amos* toda la noche hasta la gloria.

Mujer leyendo (2013)

Sentada y lejana,
y vencida por una profunda quietud
leía un libro de portada sepia,
y sus piernas blanqueaban su sombra.
Relegado a una fantasía quedó su rostro.
No así sus manos,
delicadas de esa sencilla forma que es delicado
un puñado de palomas.
La brisa leve ondeaba con libertad su vestido,
y me mostró brevemente el secreto rubor de sus muslos.
Procuré un demorado parpadeo
para calmar mis hombrías, y al abrir los ojos,
mis pasos la habían dejado a mis espaldas.

La soñé esa noche como alguna vez soñé
ser feliz su rostro hermoso como una calesita llena
de niños,
y el sueño del color del libro que leía,
que era a su vez del color del cielo
cuando bosteza cansado el sol sobre el horizonte.

Otros libros de
EDGAR SMITH

EL PALABRADOR

ALGUNAS TIERNAS IMPRECISIONES

Búscalos en
www.amazon.com
www.lulu.com
www.elpalabrador.blogspot.com

www.ingramcontent.com/pod-product-compliance
Lightning Source LLC
Chambersburg PA
CBHW031406040426
42444CB00005B/442